ALTERNATOR
BOOKS™
EN ESPAÑOL

CRIPTOLOGÍA

SECRETOS DE LA ESTEGANOGRAFÍA

RACHAEL L. THOMAS

ediciones Lerner ◆ Mineápolis

ediciones Lerner
Una división de Lerner Publishing Group, Inc.
241 First Avenue North
Mineápolis, MN 55401, EE. UU.

Si desea averiguar acerca de niveles de lectura y para obtener más información, favor consultar este título en www.lernerbooks.com.

Fuente del texto del cuerpo principal: Aptifer Sans LT Pro.
Fuente proporcionada por Linotype.

Las imágenes de este libro cuentan con el permiso de: © Mirrorpix/Getty Images, pp. 3, 18; © giannimarchetti/Getty Images, p. 4; © Leemage/Getty Images, p. 5; © Federal Bureau of Investigation, pp. 6, 19, 26; © studioportosabbia/Getty Images, p. 7; © South_agency/Getty Images, p. 8; © Alexander Supertramp/Shutterstock Images, p. 9; © sedmak/Getty Images, p. 10; © Dhoxax/Getty Images, p. 11; © ZU_09/Getty Images, p. 12; © Mondadori Portfolio/Getty Images, p. 13; © adoc-photos/Getty Images, p. 14; © shellhawker/Getty Images, p. 15; © UniversalImagesGroup/Getty Images, pp. 16–17; © Popperfoto/Getty Images, pp. 20–21; © REDPIXEL.PL/Shutterstock Images, p. 22; © w-ings/Getty Images, p. 23;© Everett Collection/Shutterstock Images, p. 24; © santypan/Getty Images, p. 25; © ALEXANDER NEMENOV/Getty Images, p. 27; © Iurii Motov/Shutterstock Images, p. 28; © Mighty Media, Inc., p. 29 (todo). Elementos de diseño: © AF-studio/Getty Images; © 4khz/Getty Images; © non-exclusive/Getty Images

Portada: © Gwengoat/Getty Images

Library of Congress Cataloging-in-Publication Data

Names: Thomas, Rachael L., author.
Title: Secretos de la esteganografía / Rachael L. Thomas.
Other titles: Secrets of steganography. Spanish
Description: Minneapolis, MN : Ediciones Lerner, [2023] | Series: Criptología | Includes bibliographical references and index. | Audience: Ages 8–12. | Audience: Grades 4–6. | Summary: "Steganography is the art of concealing messages in plain sight. Read about invisible inks, the Cardano Grille, the use of microdots in WWI, and the butterfly maps of Lord Baden-Powell. Now in Spanish!"— Provided by publisher.
Identifiers: LCCN 2022015510 (print) | LCCN 2022015511 (ebook) | ISBN 9781728477268 (library binding) | ISBN 9781728478050 (paperback) | ISBN 9781728479811 (ebook)
Subjects: LCSH: Cryptography—History—Juvenile literature. | Ciphers—History—Juvenile literature.
Classification: LCC Z103.3 .T47418 2023 (print) | LCC Z103.3 (ebook) | DDC 652/.8—dc23

Fabricado en los Estados Unidos de América
1-52362-50719-5/5/2022

CONTENIDO

INTRODUCCIÓN

Es el año 499 a.C. en la antigua ciudad griega de Mileto. El líder de la ciudad, Aristágoras, no está contento El suegro de Aristágoras, Histiaeus, solía dirigir la ciudad. Pero fue encarcelado por el Imperio Persa. El imperio controla Mileto. Así, Aristágoras debe dirigir la ciudad en lugar de Histiaeus.

De repente, Aristágoras se entera de que ha llegado un mensaje secreto de Histiaeus. Le traen un esclavo a Aristágoras. Para ver el mensaje, le dice el esclavo, Aristágoras tendrá que afeitarle la cabeza.

Los funcionarios de la ciudad afeitan el pelo del esclavo. Al hacerlo, se revelan las letras. Histiaeus ha tatuado un mensaje en el cuero cabelludo del esclavo. Pronto, se revela el mensaje completo: "Revuelta". Aristágoras asiente. Es hora de recuperar su ciudad del dominio persa.

El rey Darío I (*arriba*) gobernó Persia en el año 499 a.C.

4

En la antigua Grecia y Roma, a veces se tatuaba a los esclavos a modo de castigo.

¿QUÉ ES LA ESTEGANOGRAFÍA?

La esteganografía es el arte de ocultar mensajes a plena vista. Las personas deben saber dónde y cómo buscar si quieren encontrar información oculta mediante esteganografía.

La esteganografía está estrechamente relacionada con la criptología. La criptología es la ciencia de la comunicación secreta. Consiste en crear códigos y claves que ocultan el significado de los mensajes secretos. Los mensajes que se han ocultado mediante un código o cifrado se denominan criptogramas.

Quien intenta descifrar un criptograma sabe que contiene información secreta. El objetivo de la esteganografía, sin embargo, es evitar que alguien sepa que hay un secreto por conocer.

En la década de 1940, un espía utilizó esta muñeca para introducir pequeñas fotografías secretas en Alemania.

Esta imagen puede parecer normal. Sin embargo, podría contener información oculta mediante la esteganografía.

La Oficina Federal de Investigaciones (FBI) resuelve los delitos digitales relacionados con la esteganografía y la criptografía.

La esteganografía es el proceso de ocultar un mensaje. El proceso de búsqueda y revelación de la información oculta se denomina esteganografía.

Estas palabras cayeron en desuso a principios del siglo XIX. La palabra "esteganografía" fue incluso eliminada de los diccionarios. Los creadores de diccionarios decidieron que la esteganografía era simplemente una palabra anticuada para referirse a la criptología.

Los mensajes se pueden ocultar en archivos de audio, de imagen y otros mediante la esteganografía.

Sin embargo, los expertos modernos reconocen que la esteganografía es diferente de la criptología. Esta distinción se hizo más evidente con el desarrollo de las tecnologías digitales, como las computadoras.

Los esteganógrafos modernos pueden ocultar información secreta en archivos digitales que parecen normales. Estas técnicas han abierto la puerta a un nuevo tipo de comunicación secreta, y a un nuevo tipo de delito digital.

LA ESTEGANOGRAFÍA ANTIGUA

El primer uso de la esteganografía fue documentado por el antiguo historiador griego Heródoto. Heródoto escribió muchos relatos sobre las guerras persas del siglo V a.C. Durante esta época, los imperios persa y griego lucharon por el dominio.

Alrededor del año 500 a.C., el líder de la ciudad, Histiaeus, estaba cautivo por el rey persa. Mientras tanto, su yerno, Aristágoras, dirigía la ciudad griega de Mileto.

Histiaeus quería enviar un mensaje secreto a Aristágoras animándolo a rebelarse contra los gobernantes persas de Mileto. Así que afeitó la cabeza de un esclavo y le tatuó un mensaje en el cuero cabelludo. Histiaeus esperó a que el pelo del esclavo volviera a crecer. Luego, envió al esclavo a Aristágoras.

A menudo se llama a Heródoto el padre de la historia.

Las ruinas de Mileto se encuentran en la actual Turquía.

El rey persa Jerjes (*derecha*) ordenó quemar gran parte de Atenas en el ataque del 480 a.C.

En el año 480 a.C., el ejército persa lanzó un ataque contra Atenas, en Grecia. Los persas creían que su ataque iba a ser una sorpresa. Pero un soldado griego llamado Demarato había utilizado tablillas de cera para advertir a la ciudad.

Las tablillas de cera se utilizaban a menudo para realizar negocios y tareas escolares en la antigüedad.

Una tablilla de cera era una tabla de madera cubierta de cera. Los escritores utilizaban una herramienta afilada para grabar las letras en la cera. Una vez utilizada, la cera se fundía y se sustituía.

Demarato ocultó su mensaje grabándolo en la madera de varias tablillas. Después, cubría el mensaje con cera. Las tablillas "en blanco" llegaron más tarde a Atenas. Los funcionarios rascaron la cera y revelaron el mensaje que había debajo. La advertencia de Demarato ayudó a Atenas a prepararse para el ataque persa.

Filón de Bizancio

La tinta invisible es una de las formas más antiguas de esteganografía. El científico griego Filón de Bizancio creó la primera receta de tinta invisible hacia el siglo III a.C.

La receta de Filón utilizaba el ácido tánico de la gallarita. El ácido es transparente. Pero se vuelve negro cuando se mezcla con el compuesto químico sulfato de hierro.

Filón sugirió que se escribiera un mensaje secreto con la tinta de gallarita. Luego, el destinatario rozaría el papel con sulfato de hierro. Esto provocaría una reacción química que revelaría el mensaje.

CTIM destacado - Tecnología - Ciencia

Muchas tintas invisibles activadas por calor se hacen con jugo de limón, manzana o cebolla. El calor descompone los compuestos de estos jugos ácidos y libera carbono, que se vuelve marrón. Un mensaje escrito con tinta activada por el calor no será visible al principio. Pero si se calienta ligeramente el papel, el mensaje aparecerá en letra marrón.

Las gallaritas son crecimientos en forma de bola que se encuentran en ciertos robles.

LA ESTEGANOGRAFÍA EN LA GUERRA

Lord Robert Baden-Powell fue un espía británico a principios del siglo XX. Trabajó en lo que hoy es Croacia. Baden-Powell informaba de la actividad militar de la región al gobierno británico.

Baden-Powell se disfrazaba a sí mismo y a sus informes haciéndose pasar por un coleccionista de mariposas. Hacía dibujos de mariposas con patrones de alas detallados. Los dibujos no parecían sospechosos. Pero utilizó la esteganografía para comunicar información secreta. Las líneas de las alas de las mariposas eran en realidad mapas. Las formas en las alas representaban los puestos de armas. Las diferentes formas representaban diferentes tipos de armas.

Lord Baden-Powell fundó el movimiento de los Boy Scouts en 1908. Esto condujo al desarrollo de los Boy Scouts de América en 1910.

LA CRIPTOLOGÍA EN EL PUNTO DE MIRA

La rejilla de Cardano es una técnica de esteganografía conocida. Fue inventada por el matemático italiano Gerolamo Cardano en 1550. Una rejilla es un trozo de papel o metal fino con agujeros. Los agujeros parecen aleatorios, pero están cuidadosamente planificados. Cuando se colocan sobre una página específica de escritura, los agujeros de la rejilla muestran solamente ciertas palabras, revelando un mensaje secreto.

Gerolamo Cardano

Una cámara espía Minox

Durante la Primera Guerra Mundial (1914-1918), los países utilizaron muchos métodos diferentes para comunicarse en secreto. Uno de ellos era el de los micropuntos. Los micropuntos son fotografías diminutas. Algunas tienen solamente 0.05 pulgadas (0.1 cm) de diámetro. Los micropuntos se solían ocultar en los escritos como signos de puntuación. Los destinatarios podían verlos con un microscopio.

Se utilizaban cámaras especiales para crear micropuntos. La más común era la cámara espía Minox. Los espías la utilizaban para fotografiar documentos secretos y crear micropuntos.

LA CRIPTOLOGÍA EN EL PUNTO DE MIRA

Durante la Segunda Guerra Mundial (1939-1945), Velvalee Dickinson fue sorprendida espiando para los japoneses en Estados Unidos. Dickinson tenía una tienda de muñecas en Nueva York. Enviaba facturas de muñecas a los agentes japoneses. Estas cartas proporcionaban en secreto información sobre los barcos estadounidenses en reparación en los astilleros locales. Dickinson describía los barcos como si fueran muñecas. Por ejemplo, llamó a un portaaviones con una red antisubmarina una muñeca pescadora que llevaba una red.

La tienda de muñecas de Dickinson

Tres micropuntos utilizados para comunicarse con una red de espionaje rusa en la década de 1960

Para fabricar un micropunto, los espías utilizaban primero una cámara de micropuntos para tomar una fotografía del tamaño de una miniatura. La imagen se fotografiaba por segunda vez a través de un microscopio inverso. Esto reducía la fotografía a una fracción de pulgada de tamaño. Los espías dejaban caer el micropunto sobre una característica punteada en una carta. Por último, el micropunto se pegaba en su lugar utilizando un producto químico fotográfico llamado colodión.

Durante un tiempo, los micropuntos ocultaron la información de forma eficaz. Sin embargo, los micropuntos eran muy brillantes. Los agentes secretos acabaron aprendiendo a buscarlos sosteniendo las cartas a trasluz.

CTIM destacado - Tecnología - Ciencia

El colodión es un compuesto químico que se obtiene empapando el algodón en ácidos nítrico y sulfúrico. A continuación, el algodón se disuelve en alcohol. Una fina capa de colodión crea un revestimiento transparente y flexible al secarse. Además de pegar los micropuntos en su sitio, también se ha utilizado este compuesto para cerrar heridas.

...БУДЕТ В КОНЦЕ МЕСЯЦА. НА РАБОТЕ У МЕНЯ ВСЕ ХОРОШО. СРЕДИ ...
...ЕНИЦ ЕСТЬ РУМЫНСКИЕ ДЕВОЧКИ 7 И 8 ЛЕТ. И ВОТ Я ВЗЯЛА НА СЕБ...
...ТЬ ИХ РУССКОЙ АЗБУКЕ. УСПЕХИ КОЛОССАЛЬНЫЕ (КОН...
...РЕМЕННО ОНИ МЕНЯ "УЧАТ" РУМЫНСКОМУ. ПРИ ОБХОДЕ...
...АК ХОРОШО ЧИТАЛИ, ЧТО МНЕ КАК-ТО ХОРОШО И ПРИЯТН...
...ЖДОМ МОЕМ ПОЯВЛЕНИИ ОНИ МЕНЯ СПРАШИВАЮТ, А БУДУ ЛИ Я ИХ УЧИТЬ ЕЩЕ?!! З...
...ОЯ БЫЛ У НАС ВЕЧЕР НА РАБОТЕ, НА КОТОРОМ Я ПЕЛА "ЖУРАВЛИ" И ПРОЧЕЕ. ВСПО...
...ЛА НАШУ ЖИЗНЬ В ПРАГЕ И КАК-ТО СТАЛО ГРУСТНО-ГРУСТНО. ВЕДЬ СКОЛЬКО М...
...СТРЕЧАЕМСЯ. ВСЕ НАМ ПРИХОДИТСЯ КУДА-ТО СПЕШИТЬ И ВСЕ У НАС НЕ ХВАТАЕТ ...
...ЕНИ. ВСПОМНИЛА ПРЕДПОСЛЕДНИЙ ДЕНЬ, ПРОВЕДЕННЫЙ В ПРАГЕ. А ОСОБЕННО "ЖУРАВ...
...НЕ НЕ ДАЮТ ПОКОЯ, КАК-ТО ТЯЖЕЛО И ГРУСТНО СТАЛО ИХ ПЕТЬ. ДОМА У НАС ВС...
...ТАРОМУ. ЛИЗА МЕНЯ В ЭТОЙ ЧЕТВЕРТИ ОЧЕНЬ ОГОРЧИЛА. ПЕРВЫЙ РАЗ ЗА ВЕСЬ В...
...ЧЕБЫ ЛИЗА ПРИНЕСЛА 4-Е ТРОЙКИ: ПО ГЕОМЕТРИИ, АЛГЕБРЕ, АНГЛИЙСКОМУ И ФИЗ...
...УРЕ, ОСТАЛЬНЫЕ ЧЕТВЕРКИ. ТЫ НЕ ПРЕДСТАВЛЯЕШЬ, КАК Я РАССТРОИЛАСЬ. ВЕДЬ НЕ...
...ОРМИ ИНСТИТУТ. ДИМА ПРИНЕС ЕЩЕ ХУЖЕ ОТМЕТКИ, ВКЛЮЧАЯ ДИСЦИПЛИНУ И ПРОЧЕ...
...Е. 7-ОГО Я БЫЛА У РИМЫ И ИГОРЯ, ВЕЧЕР ПРОШЕЛ ОЧЕНЬ ХОРОШО. БЫЛО 14 ЧЕЛОВ...
...СТОЯННЫХ ПРОСЬБ: ВЫПИЛИ ЗА ТЕБЯ, ВСЕ ТЕБЯ ВСПОМИНАЮТ ДОБРЫМИ СЛОВАМИ. ПО...
...СТОЯНИЮ И ПРОСЬБЕ МАРИНЫ И ВСЕХ ПРИСУТСТВУЮЩИХ Я СПЕЛА ОПЯТЬ-ТАКИ "Ж?...
...ОГ" И ПРО...... СЕБЕ, ПРОИЗВЕЛА ВПЕЧАТЛЕНИЕ НА ВСЕХ, НИКТО НЕ ДУМАЛ, ЧТ...
...НЕМНОГО УЛЕГ...... ВСЕ МЫ ОЧЕНЬ ОГОРЧИЛИСЬ, ЧТО НЕ БЫЛО ТЕБЯ, А ОСОБЕННО...
...ВЕДЬ СКОЛЬКО...... НЕ ИЗМЕНИТ МНЕ ПАМЯТЬ, ТО УЖЕ 7 ОКТЯБРЬСКИХ И 6 НОВЫХ...
...ШИХ ....ПРАЗДНИКОВ — ЭТО НЕ ВКЛЮЧАЯ ПРОЧИХ ФАМИЛЬНЫХ ТОРЖЕСТВ. Я...
...ОВА!! КАК НЕСПРАВЕДЛИВА ЖИЗНЬ. Я ВСЕ ПОНИМАЮ, ЧТО ТЫ РАБОТАЕШЬ, И ЧТО ЭТО...
...ТВОЙ ДОЛГ И ЧТО ТЫ ЛЮБИШЬ СВОЮ РАБОТУ И ОЧЕНЬ ДОБРОСОВЕСТНО ОТНОСИШЬСЯ КО...
...ВСЕМУ ЭТОМУ, НО ТЕМ НЕ МЕНЕЕ Я КАК-ТО ЧИСТО ПО-ОБЫВАТЕЛЬСКИ РАССУЖДАЮ (ПО...
...ЕНСКИ). СТРАДАЮ, СТРАШУСЬ СВОЕГО ОДИНОЧЕСТВА. И ВОТ — ЭТО ВСЕ ОСОБЕННО ПРО...
...СИЛЯЕТСЯ ВО МНЕ, КОГДА НАСТУПАЮТ КАКИЕ-НИБУДЬ ПРАЗДНЕСТВА. Я ВСЕГДА РАДУЮСЬ,...
...КОГДА КОНЧАЕТСЯ ПРАЗДНИК И НАСТУПАЕТ ОБЫЧНЫЙ РАБОЧИЙ ДЕНЬ. Я КАК-ТО СЕБЯ...
...ОВСТВУЮ ИНАЧЕ, КАК БУДТО БЫСТРЕЙ КОНЧАЕТСЯ И НАЧИНАЕТСЯ ДЕНЬ. ДОЕХАЛА Я ХО...
...ШО. ВСЕ БЫЛО ТАК, КАК ТЫ МНЕ ГОВОРИЛ, ТАК ЧТО Я НАПРАСНО ВОЛНОВАЛАСЬ. ВЕРА...
...МА УПАЛА ЗА НЕДЕЛЮ ДО ПРАЗДНИКА И СЛОМАЛА НОГУ В ЛОДЫЖКЕ. СЕЙЧАС ОНА В...
...ПСЕ. БАБУШКА ИЗ ПАДАЕТ С НОГ, К ТОМУ ЖЕ ЮРА ЗАБОЛЕЛ ВОСПАЛЕНИЕМ ЛЕГКИХ. ВП...
...ЧНО. ЭТО ВСЕ КАСАЕТСЯ НАШЕГО СЫНА (ВСЯКИЕ БЕСКОНЕЧНЫЕ БОЛЕЗНИ). НАДО, ДОРОГ...
...ОЙ, ПОДУМАТЬ ХОРОШО О ДЕТСКОМ САДЕ?! ТРОФИМУ БОЛЕТЬ СОВЕРШЕННО НЕЖЕЛАТЕЛЬ...
...ДО СВИДАНИЯ, ДОРОГОЙ МОЙ И ХОРОШИЙ, САМЫЙ ЛЮБИМЫЙ И БЛИЗКИЙ МНЕ ЧЕЛОВЕК....
...УЮ ТЕБЯ. ПИШИ МНЕ, КАК СЕБЯ ЧУВСТВУЕШЬ, ПИШИ, ЧТО ЛЮБИШЬ МЕНЯ, МОЖЕТ МНЕ...
...ДЕТ ЛЕГЧЕ. Д... ПРОЗА!!! ЕСЛИ ВОЗМОЖНО, ТО Я ТЕБЯ ПРОШУ ДАВАТЬ МНЕ 2500...
...УБЛЕЙ В МЕСЯЦ....
.../11-60Г. ЗДРАВСТВУЙ, ДОРОГОЙ ПАПОЧКА! ПОЗДРАВЛЯЮ ТЕБЯ С 43 ГОДОВЩИНОЙ ОК...
...БРЯ! КАК ТЫ СЕБЯ ЧУВСТВУЕШЬ? МЫ ВСЕ ЗДОРОВЫ. ЗАВТРА МЫ ЕДЕМ К ТЕТЕ

LA ESTEGANOGRAFÍA EN MEDIOS DIGITALES

La era digital ha dado nueva vida a la esteganografía. Mediante la esteganografía se pueden incrustar mensajes en archivos de imagen, video y audio. Estos se llaman archivos stego

La esteganografía se utiliza a menudo para incrustar información en archivos de imagen. Una forma de hacerlo es cambiando el brillo de un píxel. Los píxeles son pequeños cuadrados de color. Los archivos de imagen pueden estar formados por miles de píxeles.

El formato de píxel más común mide el brillo de 0 a 255. El número 0 indica que no hay brillo o negro. El número 255 indica brillo total o blanco.

Dos imágenes pueden parecer idénticas. Pero un píxel en una imagen puede tener un brillo de 200. El brillo del mismo píxel en la otra imagen puede haber cambiado a 201. El ojo humano no puede ver esta diferencia. Pero el cambio podría comunicar algo en un sistema de mensajería secreto.

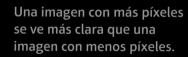

Una imagen con más píxeles se ve más clara que una imagen con menos píxeles.

En esta imagen en primer plano, cada cuadrado de color es un píxel.

23

Antes se utilizaban los telégrafos y el código Morse para transmitir mensajes a larga distancia.

En 2016, un investigador polaco incrustó información en la música de baile mediante un cambio en su tempo. Krzysztof Szczypiorski aceleró o ralentizó cada compás de la canción "Rhythm is a Dancer" en menos de un 1%. El oído humano no puede detectar cambios tan pequeños.

El estudio de Szczypiorski descubrió que ni los músicos podían detectar un cambio de tempo del 2%.

Al cambiar el tempo de cada tiempo, Szczypiorski creó una serie de tiempos más largos y más cortos. ¡Estos se traducían al código Morse! El código Morse asigna un conjunto de puntos, o tiempos cortos, y guiones, o tiempos largos, a cada letra del alfabeto inglés. Utilizando ritmos largos y cortos, Szczypiorski desgranó el mensaje, "La esteganografía es una bailarina", a lo largo de la canción.

Esta imagen era una de las varias utilizadas por la red de espionaje ruso para enviar información secreta al extranjero.

Anna Chapman fue una de las espías rusas acusadas de la red de espionaje de 2010.

La invención de las computadoras y de Internet trajo muchas oportunidades a la sociedad. Pero estas innovaciones también dieron lugar a la ciberdelincuencia. Los archivos stego se utilizan a veces para ocultar información delictiva.

En 2010, el FBI descubrió una red de espionaje ruso que había estado enviando información ilegal mediante esteganografía. Se detuvo a once espías que se hacían pasar por ciudadanos estadounidenses.

El grupo de espías había estado enviando información a un departamento de inteligencia extranjero en Moscú, Rusia. Esta información incluía secretos sobre la investigación de armas nucleares de Estados Unidos. El departamento de inteligencia había creado su propio software de esteganografía que permitía a los espías incrustar información en imágenes digitales.

CONCLUSIÓN

La esteganografía se ha utilizado para ocultar información desde la antigüedad. Desde los micropuntos hasta los archivos stego, la esteganografía se ha adaptado a las nuevas tecnologías.

Hoy en día, hay cientos de programas de software de esteganografía gratuitos disponibles para probar. A medida que el mundo está más conectado, aumentan las oportunidades para que los esteganógrafos pongan a prueba sus habilidades.

¡Descífralo! Haz tu propia rejilla de Cardano

Materiales
tres hojas de papel de carta
tijeras
bolígrafo o lápiz

1. Escribe un mensaje corto en una hoja de papel. Espacia cada palabra al azar en la página.

2. Utiliza una regla para medir la longitud y la ubicación de cada palabra del mensaje.

3. Con estas medidas, haz un agujero para cada palabra en una segunda hoja de papel. Este papel es tu rejilla.

4. Coloca la rejilla sobre una tercera hoja de papel. Escribe tu mensaje en los agujeros y retira la rejilla.

5. En la tercera hoja de papel, rellena los espacios alrededor de las palabras con oraciones. Al terminar, tu carta tendrá un aspecto normal. Pero al colocar la rejilla sobre la carta, ¡se revelará el mensaje original!

Dear Laura,

I have been playing lots of tennis, which I know is your favorite sport. Where do you usually play?

My mom says you are great! I wanted to play yesterday but Kai hid my racket. It was the first time I didn't like him, but then we made cookies and made up.

from Ainslee

GLOSARIO

ciberdelincuencia: actividad delictiva en la que se utiliza una computadora para acceder, enviar o modificar datos de forma ilegal

cifrado: mensaje en el que se cambian las letras individuales para ocultar el significado del mensaje

código: mensaje en el que se cambian las palabras o frases para ocultar el significado del mensaje

compuesto: lo que se crea cuando se unen dos o más partes

factura: documento que muestra una lista de bienes comprados y los precios pagados por ellos

innovación: un nuevo dispositivo o idea

reacción química: cambio químico que se produce cuando dos cosas se combinan para formar una nueva sustancia

rebelarse: oponerse o luchar contra una autoridad

receptor: persona que recibe algo